JN418349

詩

탄탄 빈봉완

밤하늘의 별이 빛나듯 심금을 울리는
언어예술이 주옥같이 영롱하게 빛난다.
레스토랑에서 고기를 자른 듯 정선되고
에메랄드 보석처럼 산뜻한 결정체다.

흰 눈이 내리듯 예쁜 언어가 착륙하고
찬란하고 황홀한 꽃들이 피어나듯
곱고 향기로운 언어가 피어나고
샘물처럼 지혜로운 생각과 소중한 마음이
아름답게 솟아난다.

오감을 자극하는 언어가 주룩주룩
단비처럼 내려와 세상을 밝게 웃음 짓고
어여쁘고 상큼한 언어는 새 비단 폭에서
금 구슬 옥구슬처럼 생동감 있게 구르고
희로애락의 감동이 지성과 감성의
언어예술로 빛나게 태어난다.

소나기에 외출복 젖듯, 인간을
위로하고 치유하는 서정의 예술로
마법 같은 감동을 주는 영혼이다.

님께

.　　.　　.

해운대 리큐르

지은이 | 빈봉완
발행인 | 임수홍
편　집 | 맹신형
디자인 | 안성훈

초판 인쇄 2014년 11월 5일
초판 발행 2014년 11월 10일

펴낸곳 | 도서출판 국보
주　소 | 서울시 강동구 양재대로114길 32 2층
전　화 | 02-476-2757 / 476-7260
팩　스 | 02-476-2759
이메일 | kbmh11@hanmail.net
홈페이지 | http://cafe.daum.net/lsh19577

값 10,000원
ISBN 978-89-93533-89-7

「이 도서의 국립중앙도서관 출판예정도서목록(CIP)은 서지정보유통지원시스템 홈페이지(http://seoji.nl.go.kr)와 국가자료공동목록시스템(http://www.nl.go.kr/kolisnet)에서 이용하실 수 있습니다.(CIP제어번호: CIP2014031425)」

해운대 리큐르

탄탄 빈봉완 제3시집

도서출판 국보

시인의 말

'해운대 리큐르'에 마음을 담고

'리큐르'의 광채 나는 빛과 독특한 맛과 향은
액체의 보석으로 비유되며 향주의 대명사입니다.

제10회 부산 광안리 불꽃 축제를 관람합니다.
풍요롭고 정감어린 새 희망의 화려한 미소가
불꽃처럼 폭발하는 찬란하고 황홀한 밤입니다.
아름다운 사회를 염원하는 광안리의 불꽃축제입니다.

'리큐르' 닮은 맑고 신선하고 향기롭고 여유로운
마음이 단풍처럼 물들어가는 사회가 되기를
기원하며 건배합니다. 리큐르 석 잔 술에
스토리를 더하고 금상첨화로 노래가 나옵니다.

날개 달린 목마를 타고 해운대 푸른 바다 위를
흰 구름처럼 떠돌며 리큐르 한 잔 또 한 잔 하는 꿈!
설레이는 마음에 기쁨 주는 향기로운 꽃 같은 친구
'해운대 리큐르'가 밝은 세상을 위한 희망과 열정으로
승화되기를 기원합니다.
숨 막히는 인생길에 아름다운 마음으로 합창하는
분위기 메이커가 되고자 합니다.

2014. 10. 25
로맨틱한 해운대에서
탄탄 빈봉완

제1부 가슴속에 빛나는 얼굴

제2장 꿈꾸는 황금고기

제3장 해운대 리큐르

제4장 나비효과

제5장 가을엔 마음을 비운다

제 1 장

가슴속에 빛나는 얼굴

단풍은 겨레의 함성

봄 햇살 먹고
여름햇볕으로 자라면서
장대비에 머리 맞고
우레 소리로 놀란 가슴
늦가을 찬 서리 맞으면
오색피를 토한다.

한민족의 숭고하고 고고한
순백의 정서 내면을 물들인 단풍
저 하늘아래 저 빛깔 저리 고울까!
겨레의 응축된 염원이 함성으로 만발한다.

파노라마 같은 겨레의 혼 불로 태어난 단풍
빨강은 불타는 어머님 사랑이 녹아들고
노랑은 진실한 단짝 사랑이 녹아들고
갈색은 존경하는 선생님 가슴이 녹아들고
눈과 마음이 하나로 감탄하는 천하제일 고운 빛깔
겨레의 응축된 염원이 함성으로 만발한다.

한반도 삼천리 방방곡곡을 수채화처럼 채색한 단풍
조물주가 연출한 경이롭고 신비롭고 황홀한 비경
오유지족 하는 한민족을 일심동체로 뭉쳐야 하는
겨레의 응축된 염원이 함성으로 만발한다.

사랑의 계약서

우리 님의
아름답고 동그란 꽃밭에는
송이송이 정다운 사랑이 피어나고
꽃보다 탐스러운 사랑이 피어나고
순수하고 감미로운 사랑이 피어나고
사랑은 마음에서 피어나는
가장 아름다운 꽃

우리 님의
아름답고 널따란 꽃밭에는
오색찬란한 사랑이 피어나고
향기로운 사랑이 피어나고
진실한 사랑이 피어나고
천사의 사랑이 피어나고
사랑은 마음에서 피어나는
가장 아름다운 꽃

우리 둘이 하나 되고
나눌 수 없는 한 몸 되고

나눌 수 없는 한마음 되고
영혼의 동반자 된다.

우리 둘이 단둘이서
희망을 노래할 청춘계약서
청춘을 꽃피울 행복계약서
희로애락 엮어갈 인생계약서
이 세상 함께할 사랑의 계약서

결혼은 왕 눈 뜨고

결혼은 왕 눈 뜨고
딱 눈 감고 하는 결혼은
인생 최고 최대의 후회와
사회적 불행을 초래한다.

결혼은 왕 눈 뜨고
꿈의 생각과 명예를 보고
지성과 감성의 수월성을 보고
건강한 몸과 신체적 조건을 보고
요리의 솜씨와 맵시를 보고
성품, 교양, 취미, 특기를 보고
금전과 행복의 성숙도를 보고
사랑과 결혼의 신뢰도를 보고

결혼은 왕 눈 뜨고
청춘의 행복한 앞날을 위한
사랑의 계약서를 작성하고
서명 할 땐 한마음 되고
관용과 이해와 배려하며

행복 찾아 둘이 한마음으로
쉬임 없이 달리기 한다.

금과 은의 얼굴

금(金)과 은(銀)
은(銀)과 금(金)
서로 사랑 나눔 경쟁을 한다.

자랑하는 은의 말
은반지, 은수저로
사랑 받는
귀족 출신이라고
은(銀)은 자기가 제일
사랑받고 존경 받는다고
경망(輕妄) 떤다.

금(金)은
과묵하고 겸손하다.
돈 많은 사람이 가져도 금이요
귀부인이 가져도 금이요
가난한 사람이 가져도 금이요
시궁창에 있어도 금이요
더 값지고 쓸모도 많아

많은 사랑으로 대접 받는다고
마음속으로 기쁜 미소 짓는다.

금 은 모두 귀한 존재다.
각자 다른 삶을 인식하고 한세상을 산다.

내 모습

세월이 만든 주름
남에게 보이기 싫어
화장으로 지워도
가려지지 않는다.

마음은 가리지 않아도
보이지 않으니
마음에다 화장을 한다.

오늘도 고운 마음
소녀 같은 내 마음
사랑이 머무는 곳에
꽃 같은 웃음 날린다.

님

목화솜 같은 임은
황홀한 보석처럼
두 눈에 들어와
가슴속에 빛난다.

천사 같은 임은
미모는 진의 여신
마음은 선의 여신
미소는 미의 여신
가슴속에 빛난다.

꾀꼬리 같은 임은
희망의 고운 하모니
창공을 가르고
가슴속에 빛난다.

아름답게
발맞추어 갈
영혼의 동반자

농부

당신이 부담해야 할 의무의 크기를 알고
순정은 여지없이 짓밟힌다.
부스스한 머리에 발걸음으로 새벽을 깨우는
신성한 땅의 아버지

강 돌아 산 돌아 들판으로 전천후 탱크처럼
사계절 가족 사랑에 목숨을 건다.
갈퀴손은 요술을 심고, 경이로운 두꺼비 손으로
예술을 창조하는 신성한 땅의 아버지

구리 빛 얼굴에 주름진 인생 계급장은
가족 사랑의 깊이를 느끼고
희로애락 포옹한 추억의 백 향나무
향기 풍기는 신성한 땅의 아버지

인류애 사명감의 보람찬 인생 역정은
위연탄식도 '카타르시스'로 빛나고

밤낮으로 생물과 교감하는
신성한 땅의 아버지!

catharsis : 비극에 등장하는 인물들의 비참한 운명을 보고 간접 경험을 함으로써 자신의 두려움과 슬픔이 해소되고 마음이 깨끗해지는 일

불효자의 눈물

옥빛으로 열린 하늘 아래
호젓한 산촌마을
인자하신 얼굴에 호탕한 웃음소리
아직도 벼이삭 사이로 맑게 흩어지고
생을 내 모자람까지 사랑하신 부모님

모질고 한 많은 세상에서
거친 숨소리 흙냄새와 섞어가며
손톱이 닳고 손등은 거북등 되도록
열정과 피땀으로 길러내신 자식들
꽃과 열매로 남겨두고 하늘 가신 부모님

일이 힘겨울 땐 긴 한숨 토하시고
뼈마디 마다 아파하며 흐른 눈물 훔치고
가슴속에 살아 숨 쉬는 생생한 그 모습
생에 가장 황망한 순간을 만들고
저 멀리 소풍가듯 떠나가신 부모님

천사의 얼굴로 떠오르는 달 밝은 밤엔
잘 해 드리지 못한 미련과 죄진 마음
가슴에 상처로 남고 시린 가슴 아려와
솟구치는 눈물이 앞을 가려옵니다.
효자는 웃음 속에 불효자는 눈물 속에
아름답게 철들어 갑니다.

선생님

예쁜 눈웃음에
인자하신 모습으로
떠오르는
선생님

보고 싶은 얼굴
내 눈 속에 새겨 놓고
보고 싶은 마음
내 마음속에 담아놓고

그리운 선생님의 용안
가슴속에 빛나는 얼굴

어머님 1

아름다운 미소에
인자하신 얼굴

눈동자
짓밟아 오는
보고 싶은 얼굴
내 눈 속에 새겨 놓고

마음속을
용솟음치는
보고 싶은 마음
내 마음속에 담아놓고

그리워 불러보는 이름 어머님!
가슴속에 영원히 빛나는 얼굴

어머님 2

눈에 밟혀 오는 그리운 얼굴
옥녀봉 약수는 퐁퐁퐁 변함없건만
약수암 빈자리에 쌓이는 그리움은
밀물져 눈시울을 적시고
코끝에서 가슴까지 찡한
전율은 목이 멥니다.

못 다한 우리들의 사랑과
갚을 수 없는 애처로운 희생은
서리서리 맺힌 눈물 되고
알뜰살뜰 꾸미고 가꾼 터전은
자자손손 이어갈 유산입니다.

당신과 함께할 사랑과 소통은
아름다운 희망의 "공수 메시지"
세상에서 가장 아름다운 이름
영원한 사랑 노래 불러봅니다.

영혼의 눈

인간, 자연, 세상
우주 만물을 보는
총총히 빛나는 영혼의 눈

삼계제천(三界諸天)의
천계 지계 인계
욕계 색계 무색계
불계 중생계 심계
전세 현세 내세를 보는
총총히 빛나는 영혼의 눈

하늘, 땅, 산, 바다
언제 어디서나
영롱한 이슬처럼
총명한 공수로
총총히 빛나는 영혼의 눈

인생은 빈병

빈병은 잠 못 자고
깊은 시름 한다.
어떤 속살로 채워질까?

긍정적인생각으로
해로운 생각으로
신선한 마음가짐으로
파괴적인 마음가짐으로

기쁨과 즐거움으로 하면
사랑으로 적절히 녹아든다.
슬프고 눈물 속에 하면
깨지거나 상심이 너무 크다.

생각을 하면 모두가
자신의 마음속에 깔려 있고
내 자신의 선택 속에 있다.

산에서 배운다

산에 가면 산이 숨 쉰다.
산에 가면 함께 숨 쉰다.

나무들은 흔들흔들
신명이 나고

웃는 듯 춤추는 듯
소리 높여 노래 부르고

나무들 가슴 뛰는 설레임에도
산이 좋다고 겸손하게 웃는다.

아름다운 겸양과 미덕 산에서 배운다.

자식

마음속에서 우러나오는
사랑과 눈물의 씨앗이다.

달덩이 같은 행복이
햇살처럼 눈부시게 빛난다.

사과처럼 상큼한 행복도
가슴 졸이는 근심 속에서 자란다.

저 멀리 떨어져 있으면
강아지처럼 보고 싶고
가까이 있으면 흰 눈 같은
근심덩이가 되기도 한다.

하얀 평화도 주고
새까만 불행도 주고
가슴속에 빛과 그늘이 되어
마음은 꽃그늘 속에 산다.

행복과 불행의 아이러니는
희로애락으로 점철되고
낮과 밤을 지켜주는 자식은
가슴속에 빛나는 해와 달이다.

Irony : 예상 밖의 결과가 빚은 모순이나 부조화

제 2 부

꿈꾸는 황금고기

詩

밤하늘의 별이 빛나듯 심금을 울리는
언어예술이 주옥같이 영롱하게 빛난다.
레스토랑에서 고기를 자른 듯 정선되고
에메랄드 보석처럼 산뜻한 결정체다.

흰 눈이 내리듯 예쁜 언어가 착륙하고
찬란하고 황홀한 꽃들이 피어나듯
곱고 향기로운 언어가 피어나고
샘물처럼 지혜로운 생각과 소중한 마음이
아름답게 솟아난다.

오감을 자극하는 언어가 주룩주룩
단비처럼 내려와 세상을 밝게 웃음 짓고
어여쁘고 상큼한 언어는 새 비단 폭에서
금 구슬 옥구슬처럼 생동감 있게 구르고
희로애락의 감동이 지성과 감성의
언어예술로 빛나게 태어난다.

소나기에 외출복 젖듯, 인간을
위로하고 치유하는 서정의 예술로
마법 같은 감동을 주는 영혼이다.

건배(축배)사

인생을 찾는다.
보고 싶은 얼굴
내 눈 속에 새겨 놓고
보고 싶은 마음
내 마음속에 담아 놓고

스토리를 찾는다.
앎 있는 생각으로
세상을 감각 있게
뜻있는 삶으로
추억을 감동 깊게
멋있는 폼으로
인생을 품격 있게

마음을 찾는다.
칭찬하는 삶의 추임새
향기 품은 축복의 구호
폭죽 같은 활력소 되고
한마음으로 동화된다.

구름 같은 나그네

빈손으로 태어나 불구덩이에서
전쟁 같은 아귀다툼으로
영욕을 불태우는 나그네

거짓 없는 진실로
웃음 주고 행복 주고
진실 없는 거짓으로
슬픔 주고 눈물 주고

아이러니한 꿈속을 여행하는
구름 같은 나그네
무엇을 남기고 어디로 가는지
구름처럼 빈손으로 가는 나그네

그리움

발도 없고 날개도 없이
살포시 날아와
눈 속에서
귓속에서
가슴속에서
여행자처럼 헤매인다.

추억은
꽃잎처럼 사랑스럽게
단풍잎처럼 오색으로
바람처럼 하염없이
구름처럼 세월없이
파도처럼 밀려들어
시도 때도 없이
눈 속에서 아른거린다.

슬픔도 주고
한숨도 주고
눈물도 주고

기쁨도 주고
웃음도 주고
행복도 주며
점철된 희로애락으로
밀물처럼 밀려드는
소리 없는 아우성이다.

꿈꾸는 황금고기

웃음 속에
웃음이
황금을 낳는
황금고기
소풍가듯 배달 간다.

싱글벙글
입술 위에 배달하고
얻은, 불로소득
세금도 없이
희망으로 쌓인다.

얼마 뒤엔
사장님 되고
재벌이 되고
기부의 천사 되겠지
꿈꾸는 황금고기

눈빛

멋을 알고
웃음을 알고
즐거움을 아는
문화의 창조자
안광이 지배를 철하다.

눈의 높이는
마음의 높이
마음의 혼
지혜의 혼이며
문화의 창조자
안광이 지배를 철하다.

산업의 역군
지혜의 역군
인류의 역군
문화의 창조자
안광이 지배를 철하다.

동창회

그리운 고향
그리운 학교
그리운 마음은
바람이 풀숲에 안기듯
모교의 품으로 안긴다.

푸른 오지랖 철들고
꿈과 진리와 기상을
단련하고 연마한곳
신성한 배움의 전당

생각은 교정에 머물고
오순도순 금상첨화로
정겨운 선후배 한마당
아름다운 추억을 낳는다.

빛과 소금

빛과 소금은
눈이 부시도록
밝게 빛난다.

수정처럼 맑고
찬란하게 밝은
순백의 꽃이다.

인간생명이
매달린
순백의 천사다.

세상만사
행복의 원천
빛과 소금이다.

새만금은 억만금

하늘이 지켜주고
바다가 지켜주고
인간의 꽃으로 지켜주고
지성의 발길이 북적거리는
감성과 낭만의 파노라마는
인류의 꿈이 피어나는 신천지

추억의 로맨스,
로맨틱한 문화가 꽃피는
대한민국의 중핵도시
새만금은 억만금의 도시

인간의 한계를 웃음으로,
자연의 한계를 지혜로 넘어
우주에 도전하는 생명의 도시
꿈의 현실을 체감하는 신천지
인류 공영에 물결처럼 기여하는
새만금은 억만금의 도시

자연의 별빛과 인간의 혼불로
조화롭게 연출하는 불빛 세상은 지상에서
가장 찬란하고 황홀한 별천지를 이루었다.
대한민국이 만든 인류 최고의 걸작
새만금은 억만금의 도시

세월아 너 혼자 가거라

한평생 함께한 세월
주름진 얼굴에
인생 계급장만 남고
눈서리 맞은 머리엔
백발만 성성하구나!
뭉게구름처럼 내 마음 남겨두고
세월아 너 혼자 가거라

온힘으로 걸어가도
숨차고
뛰어가도 숨차고
지팡이 붙잡고 가도
숨만 가쁘구나!
뭉게구름처럼 내 마음 남겨두고
세월아 너 혼자가거라

굽은 허리 땅 보고
위연탄식 할 때도
등줄기 타고

땀방울만 흐르는 구나!
몽게구름처럼 내 마음 남겨두고
세월아 너 혼자 가거라

웃음

사랑으로 피어나는 꽃 같은 얼굴
가슴에서 피어나는 꽃 같은 얼굴

기분 좋은 웃음은
집안을 환하게 비추는 햇빛 같고
기분 좋은 웃음은
목마른 대지를 적시는 단비 같고
기분 좋은 웃음은 비단 바람처럼
살랑살랑 가슴 스며드는 청량제 같다.

향기로운 마음의
기분 좋은 웃음은
마음을 살찌우는 보약 같고
혈관 속을 달리기하는 산소 같다.

꽃보다 더 황홀한 함박꽃
송이송이 인자하게 피는 꽃
아름답게 빛나는 사랑의 꽃

웃음꽃

하늘이 주신 웃음꽃은
뿌리도 없이
얼굴에서 춤춘다.

하늘이 주신 웃음꽃은
아픈 기억 씻어주고
마음을 치유하며
삶을 위로하는 명약이다.

하늘이 주신 웃음꽃은
밝은 인상을 만들고
밝은 마음을 만들고
밝은 세상을 만든다.

허무한 인생

침묵과 적막을 깨고
태양 같은 축복 받으며
세상 문을 열고

잔잔한 미소 감도는
사랑과 행복으로
뭉게구름 같은 꿈은
아롱지게 피어나고

새옹지마 인간지사는
희로애락으로 점철되어
철썩거리는 파도처럼
고달픈 숨쉬기 운동에
심장은 널뛰기하고

그리움의 파도 노을 따라가고
울긋불긋 단풍잎 가을 따라가고
허무한 인생도 세월 따라가고!

강산은 말한다

강을 울리지 말고
산을 웃기지 말라고

강산은 힘겨워도 원망하지 않는다.
자기를 찍은 도끼에도 향을 묻히는
향나무를 거울삼아 지내기 때문이다.

산은 산같이 여유롭기를
물은 물같이 맑게 살기를 기도하면서
세상에 온 이유를 말한다.

산에 가는 이유

날씨 사람, 건강, 음식
일일 복을 받고
배낭에 복을 지고 산에 간다.

행복한 꿈이 숨 쉬는 산으로 간다.
인자(仁者)는 요산(樂山) 산을 좋아하고(靜)
지자(知者)는 요수(樂水) 물을 좋아한다(動)

향기로운 꽃향기는 십리를 가고(화향, 십리)
좋은 술 향기는 백리를 가고(주향, 백리)
신성한 숲 향기는 천리를 가고(숲 향, 천리)
인품이 훌륭한 사람의 향기는 만리를 간다. (인향, 만리)

숨소리 거친
속세를 훌훌 털어내고
가슴을 신선한 미소로 채운다.

끙끙대는 힘겨움도
인내로 버티며

땀과 고통이
우정을 달군다.

죽음을 후회하지 않기 위해서
베풀 걸, 즐길 걸, 참을 걸 모두 배운다.

仁者樂山, 知者樂水. (論語, 灉也)

제 3 부

해운대 리큐르

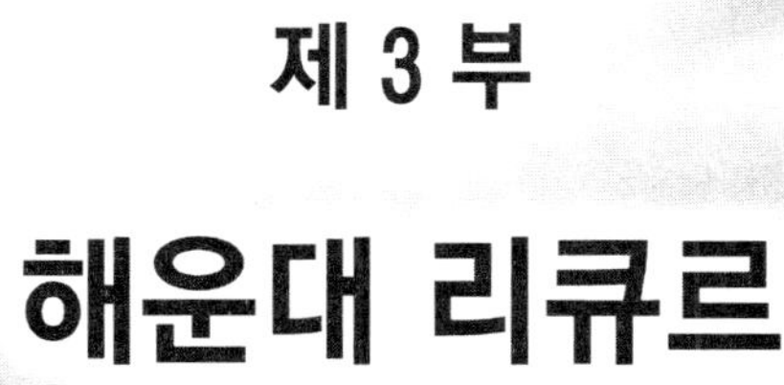

부산 불꽃 축제(제10회)

바람 불어 죽은 밤
구름도 잠들고
바다도 숨을 죽인다.

우레 같은 펑펑 소리
고요와 적막을 깨고
불꽃은 송이송이 꽃송이처럼 피어난다.

한 몸 사른 정열의 '혼불'
환희의 함성으로
꿈을 잉태하고
광안리에서 화려하게 피어난다.

시민의 우렁찬 환호 속에
사랑의 불꽃은 꽃밭처럼 빛나고
아름다운 꿈의 열정은 장관을 이룬다.

밝은 생활
행복한 가정

따스한 이웃
새 희망의 미소가
불꽃처럼 폭발하는
풍요롭고 정감어린 부산 된다.

공원길

살랑살랑
불어오는 바람에
떨어진 꽃잎들

한 잎 두 잎
발길에 밟혀오면
마음에 꽃물이 든다.

꽃향기 가슴에 담고
새처럼 재잘거리며
걸어가는 아름다운 공원길

해운대

파도치는 물보라
철썩철썩 싸-악
귀에 익은 삼화음은
동백섬의 새파란 추억
로맨틱한 해운대

발걸음도 정다운
금모래 반짝이는
백사장 비단길
새하얀 눈길처럼
로맨틱한 해운대

초롱초롱한 눈빛
실바람도 시샘하는
청춘의 눈꽃 사랑
로맨틱한 해운대

반짝반짝 밤하늘 나들이오고
야경은 지성과 감성의 파노라마
황홀한 웰빙과, 힐링의 빛으로
행복한 미소가 춤추는
로맨틱한 해운대

해운대 리큐르

오색불빛 휘황찬란한
밤의 귀족 해운대

마음을 붙잡는 손
밤의 귀족 향주

여성의 술
연인의 술
사교의 술
웰빙의 술
만인의 술
사랑과 정성의
감미로운 오색 술

화려한 색채
풍미로운 맛
독특한 향
액체의 보석
맛에 스토리를 더한
해운대의 혼 리큐르

빈 차(TAXI) 1

빈 차는
설렘의
순수한 그리움이 있습니다.

빈 차는
새하얀 꿈의
열정이 있습니다.

빈 차는
아름다운 사랑으로
행복을 선사합니다.

빈 차가
달리는 길은
흰 구름 같은 희망이 있습니다.

빈 차(TAXI) 2

안녕하세요?
설렘과 빛나는 이름
순수한 미소 충전하고
꿈을 찾아 달리는
아름다운 손님 차, 우리 차

감사합니다.
순수한 미소 충전하고
거짓 없는 세상에서
사랑으로 봉사하는
아름다운 손님 차, 우리 차

명곡 산장

은 소반 위에 푸성귀처럼
풋풋하고 살뜰한 터전
청풍에 간담이 녹고
삶의 숨소리 거치른
속세를 훌훌 털어 내는구나!

율동하는 나뭇잎 사이로
노란 햇살 숨바꼭질하는
심심 계곡 명곡 산장
지친 발을 몽돌 같이
계곡물로 위로 받으며
시간을 되감기 하는구나

솔향기 꽃그늘 속에
한잔, 한잔, 다시 또 한잔
넘치는 정은 풍류에 젖어
해가는 줄 모르고
미소 짓고 나타나는
달 토끼도 볼그레하구나.

식장산

소리 없는 여명의 태양을,
두 손으로 받쳐 든 동구민
위풍당당한 기개와 열정은
배부른 식장산 독수리 봉에
호랑이 같은 정기를 낳는다.

정기 어린 신성한 숨소리.
귀로, 코로, 입으로, 들어와
가슴으로, 겸양과 미덕을 낳고.
불끈불끈 힘 솟는"힐링공원"
태양 같은 건강을 낳는다.

탄현(炭峴)의 계곡과, 숲길을
고동치는 심장 소리 밟으며,
가고, 오고, 또 오고,
심장이 터져 울어 올 때까지.
오순도순 정겨운 동구민의 산사랑
눈, 비, 바람에도 행복을 낳는다.

금빛 찬란한 석양 노을은
응축된 동구민의 에너지를
식장산 정기로 승화하고
황홀한 넓은 세상을 향해,
자자손손 무운장구 빌어주는,
솜 이불속 달님은 희망을 낳는다.

*탄현-식장산의 삼국시대 이름

진안은 명당(明堂)

햇살 가득 보듬어 피어난
꽃들의 황홀한 향연은
향기로운 미소로 빛나고
산태극수태극을 휘돌면
지수화풍 자연이 빚어낸
신비의 풍광은 아련한
추억의 파노라마
진안은 명당(明堂)

견우직녀도 부러워할
별빛 같이 신비로운 청춘사업도
용꿈으로 잉태되고
삶의 무게 느끼지 못하는
지상의 파라다이스 진안(鎭安)
세상에서 제일 편안한
진안은 명당(明堂)

휴가(피서)

청바지 운동화에
빨간 모자 쓰고
일상을 탈출하는
여름날은 즐겁다.

파도소리 벗하고
물새소리 귀 담고
별빛 어린 백사장에
추억을 묻는다.

사랑과 낭만의
열정을 노래하고
아름다운 추억의
향기로운 마음은
내일을 달리기한다.

진안이 부른다

하늘이 부르는 곳
물은 휘돌고
하늘이 품은 길 꿈속의 길
마음의 길 두 발길
발길은 절로, 절로
너도 절로 나도 절로
진안으로 가는 길

하늘이 닿은 땅
산신의 정기어린 마이산
신선의 명약 불로초 인삼
자연의 영혼이 담긴 용담호
자연의 뼈와 용신의 기상으로
신선이 청풍 속에 노니는 곳
산태극수태극의 명당
럭키월드 진안
호수 닮은 사람들이
진안으로 가는 길

안개 부푼 용담호에
고즈넉한 저녁 노을처럼
청춘별곡 사랑으로 피어나는 곳
단짝의 꿈이 이루어지는 곳
뭉게구름 같은 희망으로
한국인의 고향 찾듯
진안으로 가는 길

금산 인삼

금산군 진악산 비단 자락
조요로운 개삼터에 산신께서
효자에게 점지한 하늘 선물은
꿈을 봉양하는 옥동자 금산인삼

효자 닮은 농부의 6년 산고로
형설의공은 눈부시게 빛난다.
여인 닮은 귀하신 몸매
하얀 속살에 눈이 가고 손이가고
오동통통한 허벅지 향기
풍성한 가을을 익히는 금산 인삼

효손들의 삶은
미소가 비단치마 춤추듯
싱글벙글 정겹고
금산 경제 책임지는 일등 신사
나라에 효자요 금산에 효자 향기
풍성한 가을을 익히는 금산 인삼

웰빙과 힐링의 보약
건강 장수하는 불로초 인생으로
인간 생명 지켜주는 인류의 명약 향기
풍성한 가을을 익히는 금산 인삼

무주구천동

정갈하고 산뜻한
푸른 하늘 바라보며
산수 좋아 일편단심
찾아가는 무주구천동

휘 감도는 옥색 수는
신선이 노닐던 곳
하늘이 내려 준 33경은
천하제일의 비경
신비로운 무주구천동

구천동 흐르는 물은
은하수가 녹아내린 물
백옥수로 씻은 마음
곱고 고운 천사 되고
미소가 춤추는 무주구천동

물의 청량함에 삶의 무게 줄이는 곳
물의 진리에 삶의 진실을 찾는 곳

바위처럼 인자한 삶을 배우는 곳
아름다운 안식처 세계인의 ‘힐링공원’
꿈속에도 떠오르는 무주구천동

칠연계곡

솔 내음 진동하는 칠연계곡에
수탉처럼 목 빼들고 눈 맞춘
칠연 폭포는 녹슨 인생에
음악처럼 행복한
청량제로 나타나는구나!

칠연 폭포수 굴러내려
발등을 간 지리며 돌돌돌
시원함이 뼛속까지 스며들어
감각 없는 바위처럼
세월을 망각하는구나!

수려한 경관과 명경 같은 물
신선이 별빛 타고 노니는 곳
영혼의 동반자와 함께
청정한 에너지로 충전한 발걸음
가뿐가뿐 가볍구나!

제 4 부

나비효과

나비효과

말 한 마디조심하고
행동 하나 조심하고
실바람은 큰 바람 되고
이슬방울은 강물 되고
작은말은 큰 사건 되고
원인과 결과가 다르다.

언제 어디서나 흔들림은 있다.
사람의 움직임에도
나비의 가벼운 날갯짓에도
소홀히 할 수 없는 원인이 있다.
상심이 커지지 않도록 준비는 필수다.

녹슨 철길

인간 애환 싣고
지나가는 빛나든 철길
영욕은 모두 사라지고

고요와 적막 속에
파노라마처럼 쌓인
아름답던 추억을 본다.

꿈은 사라져
한적한 녹슨 철길
바다가 보듬어주고

춤추는 파도소리
낭만의 화음으로
외로움을 달랜다.

동행

동행은 아름다운 합창입니다.
하나의 별빛은 보잘것없지만
수많은 별이 함께 내는 빛은
찬란하고 아름다운 예술입니다.
혼자 걸으면 외로운 길 (빨리 가는 길)
함께 걸으면 행복한 길 (멀리 가는 길)
서로를 다독이며 더 나은 세상을 위한
희망과 열정의 발걸음은 가뿐합니다.
아름다운 감동과 환희의 동행입니다.

교육은 아름다운 종합 예술입니다.
대전 교육 가족 여러분의 가슴에
따뜻한 사랑을 전하고,
착한 행복을 담아 드리기 위해
일념통천(一念通天)의 정신으로
큰 밭(大田)을 가꾸어 갑니다.
성공 시대를 활짝 열어 갑니다.
봄 같은 즐거운 마음으로 지혜를 기르고,
여름 같은 열정으로 덕을 기르고,

가을 같은 사랑으로 따뜻한 가슴을 기르고,
겨울 같은 기상으로 체력을 기릅니다.
가정과 국가와 인류사회에 이바지할 수 있는
인재 육성이 행복한 동행입니다.
교육은 인생 최고의 동행입니다.

몽돌

철썩철썩 때리는
바닷물의 뭇매에
눈, 코, 입, 귀, 팔다리 잃고
폐도 잃고, 심장도 잃어
숨도 못 쉬고 울지도 못하는
가련하고 불쌍한 얼굴

아픈 상처
뼈아픈 추억
기억하지 못하는
가슴 없는 얼굴

천만 년 세월을
인고로 지탱한
매끄럽고 동그란 얼굴

물새의 목욕

호젓한
강 언덕을 앞만 보고
종종걸음으로 걷는다.

물차고 푸르른 창공을
박차 오르는 묘기에
희망이 함께 솟구친다.

꽁지깃을
빠뜨리고 하는 목욕은
신기한 묘기다.

정갈한 몸과 마음
제일 깊은 곳에 두고
사랑의 향기 창공에 날린다.

생명수

단비는
생명수

사랑은 단비
사랑도
생명수

인생은
하늘의 축복
생명수에 목숨을 건다.

왜 이래요

예쁘게 단장하고
반짝 반짝 미모 자랑
찰칵 하는 셔터 소리는
근엄한 모습으로 변한다.

왜? 이래요~.
순정과 애교실린 말은
고운 얼굴에
밝은 미소 띠운다.

초롱초롱한 눈빛
아름다운 내 모습
찰칵 하는 셔터 소리는
영원한 추억을 남긴다.

종이

종이컵, 휴지, 책, Note
서류, 벽지, 봉지, Box
오늘도, 내일도 쓴다.

우리 주인님은 알까요?
나무가 종이 되는 것을

우리 주인님은 들릴까요?
목 잘려 아파하는 나무의
울부짖는 비명 소리
목숨 살려내라고
땅을 치며 통곡 하는 소리

종이 없이 살 수 없는
대한민국의 미래
전 인류의 미래
소비는 불가역성이다.

접착제

인간은 누구나
장점도 있고 단점도 있다.
장점을 어디서 어떻게 찾을까?
찾지 않거나 찾지 못하거나
찾고 알아도 칭찬을 하지 않으면
장점도 찔레꽃 같은 가시덤불이다.

인간 삶에서
미소와 감동으로 마음을 붙이는
제일 좋은 접착제는 칭찬이다.
구체적으로 칭찬하면
아름다운 용기가 샘물처럼 솟아난다.

삶에 추임새는 칭찬이요
돈 주고 사지 않아도 제일 값진 보물이고
칭찬이란 접착제는 떨어지지 않는
무궁 무궁한 마음의 선물이다.

청소하는 날

청소하는 날은
청소 도구 가지고
사람들이 모여들고
이리저리 이곳저곳
분주하고 어수선하다.

청소 하는 날은
강산도 입 벌리고
웃는 날이다.
유유자적 풍류자적
노래 부른다.

사람들도 마음을
자주 청소 하고
대청소 하는 날이
있었으면 좋겠다.

마음속을 털고
마음속을 쓸고

마음속을 닦고
마음속을 비우고

상쾌하고 선한 마음으로
남을 칭찬하고
이해하고, 배려하고
소통하면
함박웃음 넘치는
아름답고 밝은 세상 된다.

하늘 보고 산다

앉은뱅이 바위에 누워
파란 하늘을 본다.

구름이 지나가고
바람이 따라간다.

구름 삽화 배경삼아
손가락으로 시를 적는다.

희망의 웃음은 하늘 보고
눈물 속에 실망은 땅을 본다.

기쁜 마음은 하늘 보고
슬픈 마음은 땅을 본다.

추임새 칭찬은 하늘 보고
상처 난 마음은 땅을 본다.

희망으로 칭찬하고
웃음으로 격려하며
마음으로 응원하면
아름다운 용기는 하늘을 난다.

하루

푸른 별빛이 잠자고
이슬로 태어나
아침을 연다.

가슴으로 스며드는
살랑바람에
설렘과 기쁨이 묻어난다.

붉은 햇살 반짝이면
일상은 전투가 시작되고
몸은 천근만근 녹초가 된다.

잠들어
꿈꾸는 소망은
늘 그리움만 남는다.

향수

가을 하늘 더욱 푸르러 기분 좋은날
코스모스 두 귀 쫑긋 세우고 앞 다투어 입맞춤하는
향기로운 고향 눈에 밟히고 밟히는구나!

태고의 신비 간직한 금강은 부남을 휘돌고
별빛이 흐르고 신선이 노닐던 금강은 물살 가르는
래프팅으로 젊음의 열기 녹아 나는구나!

부남체육공원은 순박한 사람들의 열정이 숨쉬고
대문바위 소나무는 반딧불이 재롱에 청춘이 되고
가로수 둥근 감은 고향 햇살로 수줍게 익어가고
지그시 눈감은 황소는 입으로 세월을 곱씹는구나!

옥녀봉 약수 물소리 고요와 적막의 고향집을 지키고
붉은 고추 가을을 익히시던 어머님은 보이지 않고
마당 가득 그리움만 쌓이는구나!

강물이 운다

강물은 일렁일렁
숨쉬기도 힘겨워

쉬는 듯, 자는 듯
풀죽어 고개 숙이고

강은 강인데 물은 물이 아니라고
고향 버리고 자꾸자꾸 떠나간다.

강물 위에 노을도 슬픈 추억의
강물처럼 눈이 붉어진다.

강 따라 세월 따라 강물이 운다.

제 5 부

가을엔 마음을 비운다

가을엔 마음을 비운다

가을은 을씨년스런 마음도 가는 것이다.
가을을 붙잡아두지 못하게 오색 물감을
엎질러 놓았다.

빨강 옷엔 빨간 마음
노랑 옷엔 노란 마음
갈색 옷엔 갈색 마음
산에도 들에도 인간들도
마음을 색동옷처럼 갈아 입혔다.

괴로운 일 슬픈 일
기쁘고 신나고 즐거웠던 추억
마음을 모두 다 물들여 놓았다
풍성한 마음도 물들어 어려운 이웃을
헤아리는 따뜻한 색동옷으로 갈아입는다.

더 어려운 일도 더 즐거운 행복도
내일은 설렘과 웃음으로 기다린다.
다람쥐의 서글픈 눈망울도 설렘이 숨어 있고

들녘에 들국화도 향기로운 미소를 보낸다.

오곡백과 정감어린 추억 수채화로 그려서
아쉬움을 가슴에 묻어두고 겨울을 기다린다.
가을엔 그리움만 남겨두고 마음을 비운다.

가을 향기

태양은
가을 향기를 익히고

가을 향기는
사랑 나눔을 익힌다.

사랑 나눔의 가을향기는
오곡백과 향기보다도
들국화 향기보다도
더 향기롭다.

가을 메시지

일편단심 코스모스는
목숨 바쳐 피어나고
울긋불긋 단풍잎은
순정의 치맛바람 날리고
가을 떨어지는 소리는
다람쥐 귀를 쫑긋 세우고
신명 들린 귀뚜라미 노래는
청풍에 씻긴 달빛 자장가 된다.

속 끓인 농부의 애간장은
붉게 익은 동그란 과일이고
풍요로운 들녘의 황금물결은
농부의 일렁이는 땀방울이고
허수아비 헛된 꿈은 세상살이
외롭고, 힘들고, 허무한 것이고
곡식이 영글고, 잘 익은 과일처럼
잘 익어야 사람이다. 라고
높고 넓은 창공으로
가을 메시지 보내 왔어요.

국화꽃 당신

피 마른 줄기에
땀방울로 적시고
피맺힌 절규 속에
뿌리는 환생 하고
한숨소리 토하며
꽃을 피웠다.

피 마른 줄기에 핀 한 송이 꽃은
향기로 깊은 상처 위로해주고
미소로 텅 빈 마음 위로해주고
인자한 얼굴 슬픈 사연 동화되고
천사 같은 마음으로 애도하면서
아름다운 꽃 청춘 시들어간다.

국화 앞에서

겨울을 준비하는 웃음이
가을바람에 실려 나들이 간다.

아버지 가슴 태우며 자란
금빛 노란 꽃송이 눈이 부시다.

겹겹이 쌓인 황홀한 입술
환한 미소로 미혹한다.

황금빛 진리에 감화 되어
머리 숙인 숙연한 마음
뛰지 못하고 날지 못한다.

안온한 일일지아는
평화의 안식처 된다.

아련한 그리움의 추억으로
송이송이 황금송이 피어난다.

그리운 가을

가을 햇빛도
찬이슬, 찬 서리가
시샘하며 왕따 시킨다.

가을이란 말에도
호시절의 그리움은
눈 속을 파고든다.

긴긴 세월 마음 나누며
사랑에 이름표를 붙여준
임도 떠나버린 가을은
그리움이 약속하여
약속한 눈물이 맺힌다.

나비 꽃

에메랄드 빛 고운 자태로
요요하게 윙크하는 꽃순이
꽃순이 미모에 푹 빠진 꽃나비

날이면 날마다
밤이면 밤마다
용광로 같은 사랑 찾아
부르르, 부르르 진저리 친다.

지상에서 가장 예쁜 춤으로
꽃순이 순정을 짓밟아놓고
장미꽃가시에 날개를 찢겨
고개 숙인 사랑은 소풍을 갔다.

그리움이 사무쳐
한 송이 피어난 꽃
나비 꽃

들국화

이렇게 무서리가 내리도록
몰고 온 가을비를 맞는다.

머리가 희어지는 아픔과
괴로움에 부들부들 몸서리친다.

비워낸 욕망을 미소로 바꾸고
날마다 안녕하며 향기를 채운다.

가을비 타고 온 순백의 천사
꽃향기 백리까지 풍긴다.

억새꽃

백로에 꽁지깃털처럼
장관을 연출한
억새꽃

달빛이 홀로 서러워
중천에 목매일 때
아름다운 군무와
솜털 같은 사랑으로 위로하는
억새꽃

달님 친구 사랑하다
꽁지깃털 빠져버린
억새꽃

장미꽃 연정

추위 털고 일어나
잎 나고 가시 돋으면
열정의 임 생각으로
피맺힌 절규 참아내며
잠 못 이루었나니

태양을 벗 삼고
구름을 이불 삼아
어머님 사랑처럼
아름답고 고운 꿈
겹겹이 간직하였나니

일편단심 임 그리워
심장의 붉은 피
입술 위에 피어나고
연정의 사랑 메시지
겹겹이 띄우나니

찔레꽃 연정

찔레꽃은
가시덤불 속에 숨어
도란도란 속삭이며
피어나는 꽃

찔레꽃은
수줍음이
그리움 되어
짝사랑하는 꽃

찔레꽃은
외로움이
그리움 되어
눈꽃처럼 피어나는 꽃

찔레꽃은
하얀 연정으로
방긋방긋 웃으며
향기 나는 꽃

한 송이 꽃

시기하고 질투하는
검고 어리석은 마음은
햇볕이 들지 않고 물도 없어
마음 밭에 웃음꽃이 자라지 못한다.

사랑이란
한 송이 꽃은
상큼한 행복으로
거대한 희망으로
빛나는 존경으로
아름다운 미덕으로
마음 밭에 웃음꽃이 가득 자란다.

호박의 한세상

잠 못 이루는
그리운 사랑으로
애처롭게 사는 몸
볼품없는 호박꽃이다.

짚신 짝 찾듯
애틋한 순정을
호박벌만이 알고
뜨겁게 몸을 달군다.

멋진 열정
다 받칠 수 없는
가슴 저린 아픔으로
구겨진 주름 덧없이 늙는다.

울림

하늘이 어둡게 내려앉고
우레가 크게 울어 오면
지은 죄도 없건만
정적의 숨소리는
가슴속을 파고든다.

따사로운 봄 햇살이
꽃바람을 몰고 오면
우리 님의 고운 목소리
꽃바람에 실려와
가슴속을 파고든다.

詩

탄탄 빈봉완

밤하늘의 별이 빛나듯 심금을 울리는
언어예술이 주옥같이 영롱하게 빛난다.
레스토랑에서 고기를 자른 듯 정선되고
에메랄드 보석처럼 산뜻한 결정체다.

흰 눈이 내리듯 예쁜 언어가 착륙하고
찬란하고 황홀한 꽃들이 피어나듯
곱고 향기로운 언어가 피어나고
샘물처럼 지혜로운 생각과 소중한 마음이
아름답게 솟아난다.

오감을 자극하는 언어가 주룩주룩
단비처럼 내려와 세상을 밝게 웃음 짓고
어여쁘고 상큼한 언어는 새 비단 폭에서
금 구슬 옥구슬처럼 생동감 있게 구르고
희로애락의 감동이 지성과 감성의
언어예술로 빛나게 태어난다.

소나기에 외출복 젖듯, 인간을
위로하고 치유하는 서정의 예술로
마법 같은 감동을 주는 영혼이다.